# FRIFUNDET

## UFULDENDTE SERENADER

Et Kafkask procesbind

Kim Gørtz

FSC
www.fsc.org
MIX
Papir fra ansvarlige kilder
Paper from responsible sources
FSC® C105338

KIM GØRTZ

FRIFUNDET

UFULDENDTE SERENADER

Et Kafkask procesbind



SAGARO REC & PUB

ISBN: 9788743058441

Forlag: BoD – Books on Demand, Hellerup, Danmark

Tryk: BoD – Books on Demand, Norderstedt, Tyskland

Jargonen kunne beskrives som et ideologisk aftryk af det lammende ved de offentlige kontorer, hvis gru Kafkas nøgterne sprog fremmaner som en fuldstændig modsætning til jargonen.

Adorno, *Egentlighedens jargon*, s. 62 (2008)

## Sigillium & Serenus

### Om at ekskulpere

Bandlyst. Kynisk. Skeptisk. Det hele synes perplekst, som et komplot i friløb. En infiltration, seriøst stigmatiserende.

Fuld af foragt. Dårlig, skidt, bræk, uklar, stink, stank, stænk. Residual. Paranoide plamager.

Nervøse anlæg, åndbar, bindevæv, gennemstrømninger, hjælpsomhed, pulserende vibrationsfelter.

Låsninger. Læsninger.

Optiske bedrag – akustiske bedrag; afsløringer og gnidninger.

Hørbare hændelser, gnistrende simulationer, blokader og sensibilitet, bemægtiget.

Frastødt.

At være fundet fri, fri fundet; hvordan får det én til at føle?

Det skaber et lille billede, der forsegler. Et klart, muntert og roligt segl, der gør én glad.

Det retfærdiggør – og gør én fri for skyld.

Hvordan kan man glæde sig over verden,
bortset fra hvis man flygter fra den?
(aforisme 25)

Der findes ikke nogen haven, kun en væren,
kun en væren der længes efter det sidste åndedrag,
efter kvælning.
(aforisme 35)

Den der søger finder ikke,
den der ikke søger bliver fundet.
(oktavhæfte G, 30)

At vores opgave er præcis så stor som vores liv,
giver den et skær af uendelighed.
(oktavhæfte G, 34)

At skrive, en form for bøn.
(sene aforismer, 23)

Ikke mere om det,
tværs gennem ordene kommer rester af lys.
(sene aforismer, 35)

Franz Kafka: *Aforismer og andre efterladte papirer* (1999)

# Indhold

Min sidste bøn: brænd alt…

*Kafka i et brev til sin bedste ven Max Brod om sine skrifter.*

## Misliebig depravation

Elsket af savnet.

Fordrejelsen, fordærvelsen.

En syndig, ryggesløs og skamløs kompromittering.

*Der er noget forkert i at undvære eller give afkald på ting, der er væsentlige for menneskelig trivsel.*

Den lyse og klare aften. Den frit formet og underholdende kærlighedssang.

Som en forelsket bejler synges disse sange til en elsket læser:

*Frifundet. Ufuldendte serenader. Et Kafkask procesbind.*

Det er helt Kafkask!

1. Uigennemskueligt
2. Gådefuldt
3. Absurd
4. Mareridtsagtigt
5. Meningsløst

## *Ufuldendte serenader på vej*

**Inderlig**

*Et Kierkegaardsk eksistensbind*

**Væsentlig**

*Et Heideggersk værensbind*

**Aura**

*Et Benjaminsk passagebind*

**Hellig**

*Et Agambensk nøgenbind*

**Immobil**

*Et Sloterdijksk sfærebind*

**Fremmed**

*Et Rosask resonansbind*

**Flugt**

*Et Deleuzesk rhizombind*

**Livsvilje**

*Et Nietzschesk kraftbind*

**Negativ**

*Et Adornosk fortryllelsesbind*

Når man blander sin stemme med andre,

er man fanget som med en fiskekrog.

*Børn på landevejen* i: Fortællinger, s. 13 (2008)

## Sag

Bagtalte fremmede; forstyrrelsens vogtere i en retsstat. En spøg, en komedie. Fri.

En blikkenes dialog og forbandede proces, tiltrukket af skylden. Uskyldig. Den frie plads – at tage livet af sig.

Mod. Befaling. Besindelse. De tomme overraskelser, på den anden side, ikke af stor vigtighed.

Anklaget. Hvem er det der anklager mig? Vildfarelse. Tænk hellere mere på dem selv.

Få en sten til at græde? Bringe sagen til en forsonlig afslutning. Blodfattige.

Iagttage sig selv nøjere, fjogede grin. Små pauser. Genoprette. Tilgivende; gjort noget slemt?

Undskyldning, i det stille, vis taknemmelighed. Hvilende vemodighed. Lykke, noget lærd noget.

Ingenting. Noget lærd noget. Ingenting.

Overrumplende opvågnen, kvalt, forberedt forlegenhed, på sin plads, ikke så tungt.

Det sænkede hoved. Hensynsfuld. Den åbne dør, det mørke værelse. Alt på sin plads. Det kan gå for vidt.

Mere tilbageholdende, pinligt, fordægtige vildspor, oprigtige. Renheden, gennem dørens sprække.

Så smækkede døren. Upassende. Forfærdelig overdrevet, tåbelig nytteløst. Foragteligt.

Den tomme, på klem, irriterende uro, flygtende, skuttende, ulykkeligvis forsømt, et overfald, forskrækket, hjælpeløs, en bøn. Er her nogen?

At falde omkuld, vækker jo alle, ubehageligt, sluk lyset, tag plads, træthed, overdådighed, kors, sagen, opgaven, mod min vilje, hinanden i øjnene, hemmeligheder, væmmeligt, uberettiget.

Forbandede tomme, meningsløse livlighed.

Sælsomt, forbyde fravær, fælde skæbnesvanger dom, grov forbryder, flygtet, forbrydelse.

Ikke megen erfaringer i retsanliggender. Tiltrækningskraft.

Proces, sag, advokat, rådgiver, ingen spøg, skrækkeligt, bebrejdelser, ophidset, ubodelig skade, leende i rollen, hånden på hjertet, forskrækket, ulykkelig, ubehagelighed, ikke fare, forklaring, formål, virkeligt og oprigtigt, skåne, at miste tilliden, sammensunken.

Sammenknyttet.

Det bankede, tage ansvaret, forundret, fornemmer, fornærmelse, anerkender, lad mig være alene, vred, gå sin vej, gik i stå, at gøre sig fri, et lysskær viser sig, et tørstigt dyr, bortvendt, bøjet, tilfreds.

Alvorlige bekymringer.

... at blive stum sammen ...

... hvordan de i gadekryds, når vi bliver angste,
med ét svæver foran os på kanten af fortovet!

... hans frie kind...

*Afsløring af en bondefanger* i: Fortællinger, s. 14-15 (2008)

## Tom

Kontakt, stiltiende afkald. Den lige vej. Den rigtige dør.

Tomt, tomhed, ynkeligt. Bøgerne. Maskineriets væsen.

Vaskebalje, opholdstue, rydde ulemper, beskyttelse, farligt. Modbydeligt.

Pause, en forbedring, fri vilje, forstyrret min søvn, næstekærlighed. Gået over på midten, hang kun sammen i trådene.

Uanstændige, nøgne kejtethed, plager, fare?

Frygte mørke, smukke grunde, forbudt, fordærvet, stiltiende.

Sørgmodigt. Værdiløs, krænket, dovenskab og glemsomhed.

Skrømt.

Krumspring. Udsigtsløst. Fri. Stille. Berolige. Stille værdighed – et øjeblik, hviskede afskyelige, krumme lykkelig sprang uvilkårligt i luften, fristelsens, flygtige flugt, fri, itu, hævn – slæng.

Tom, tomt knyttende tyranni, sideblikke, ukært trampen, ubehøvlet gå frit omkring, bøjet ryg, angst, tirre, frie hånd, kvælertag, uhyre befrielse!

Snappende, skubbende undergang, snublende nederlag. Krumme, knælende nåde, stønnende svækkelse, bortførelse, beklagelse, bevægelse. Udtryksløst. Skuffelsen.

Indgyde beroligende ragelse, nedværdigende – den livlige plads, sprættet dørsprækken åndeløst op. Maste opslaget, trykkende, krumme cirkel. Blodstænk.

Klamret. Sneget. Modværge. Kujon. Gennempryglende magt, udsigtsløse processer. Taknemmelig.

Omkuld, forhutlet, knager. Verdenserfarent. ”Væk, væk, gør gangen fri.” Salighed.

Trådte lidt i angst. Væsentlig smerte, glødende tang, latterlige skrig, afskedens ømskindede: ”Nu har jeg set, hvordan her ser ud, nu går jeg min vej.”

”De har endnu ikke set det hele.”

”Det er den eneste vej.”

Højrøstet, gyngede svimmelheden sin pludselige svaghed ud i det fri. Ildbefindende atmosfære. Fingerspidsernes intimiteter.

Hårdhjertet og sveddækkende ekspederedes det flængende, friske luftpust. En forsmag på friheden.

Frisk luft, lommespejlets omsving; at søge læge.

… et pludseligt ubehag…

… rejser sig til sin sande skikkelse.

*Den pludselige spadseretur* i: Fortællinger, s. 16 (2008)

## Stil

Invitation.

Et forsoningsforsøg.

En ydmygelse, en skam, en smule tvang.

Trist.

Afsky, en lille smule ydmyg punktlighed.

Forpjuskende latter.

Væltet.

Udtjent.

Udstrakt.

Stille.

Svagelig, stille passage.

En sælsom skødesløshed; at retten bliver tiltrukket af skylden.

Prygle.

Skrigeri.

Den frie hånd, særlig flittigt tilendebragt.

En venlig, ærgrende nyankommet kvalm og myldrende trængsel; en smal vej fri.

Podiet stilles på tværs med møje kant og lavmælt murren. Stille, støvet skrammer.

Forsinkelsens stilheden, en plads fri. Trængslen skubber skødesløst og skælvende ud af facon.

Stille veksledes medlidenhed.

Medlidende ussel og stille, de stille udbruds blikke, ramt af ordene.

Glædens pausen, heftige rolige ord i skyldbogen synker ned med; "hvad er der sket med mig?"

Ikke særligt tungt, klappende hist og her, opmuntret, opnåelig.

Skandale, ubehøvlede pak, skamløst besudlet, indskrænkende hovmod.

Et omdømme, et anslag, livligt og yderst generende sky sideblikke, beskyttet af hænderne, stilheden – den nærmeste vej.

Den anspændte lytten, stilhedens susen, henrykte, fjantende, meningsløse og rådne skrig, det matte, hvidlige og blændende; en væsentlig forstyrrelse.

Begejstret, ingen rørte sig, frihed bliver indskrænket, ansigtet til ansigtet med trængslen, forstillelsen, emblemernes snusere, stilheden.

Stilheden; et øjeblik, berøvet: "I sjovere – jeg blæser på jeres forhør".

Larmen – levende – løs.

… dyreblik…

*Beslutninger* i: Fortællinger, s.17 (2008)

## Suk

Korridor suk.

Stille et øjeblik. Sukket.

Utæmmeligt flående – væltede tomheden tærsklen.

Det lave rum.

Snublende ophidselse, nøgen prygles, berigelsens fristelse og de smertefulde, åndsvage stokkeslag, angstens livrem – nedslagets øjne.

Straffens befrielse. Skånes af pryglestraf, vanærende ynkelige tårer, og de skrig og den genlyd, krampen svirpede, det hylende mørke. Genskærets pinsel.

*... i et afgørende øjeblik skal man kunne beherske sig...*

Befri vogterne.

Fordærvelsen.

Utænkelig, helt stille, hjælpende, svor magten og den undskyldelige løgn i det ventende mørke. Tærsklens knytnæver, grædende.

Pulterkammeret.

Skidt og møg.

Nærhed.

Kopier; tankeløs hjem.

... lutter ingen...

... mellemrum...

Halsene bliver fri...

*Udflugten til bjergene* i: Fortællinger, s.18 (2008)

## Forbi

Tomme bøn.

Nøglehullet, haltende, sjokke.

Ophørets tilgivelse.

Mistankens, foldede hænder, tunge sår, kvalt under tårer, hulkende højder.

Grædende forsonet uvenner, følte sig friere, onde ord, ingen søvn.

Slæbende skridt, bekymrende frie og bange overfølsomhed. Magtesløse vandringer.

Stum hjælpeløshed, berøvede eftertænksomt og hånligt det skrækslagne plageri. Jamrende ækelt.

Utilgængeligt.

Tavshed.

Sammenknebne tavshed, svingende anmodning.

Herredømmet.

Tale frit.

Bagatelagtig.

Åbnet døren.

Adspredt.

Blikke dog tungt.

"Jeg har ingen"...

*Ungkarlens ulykke* i: Fortællinger, s.19 (2008)

## Mat

Matte lys. Dødtræt. Bøjet forsvarsskrift. Ugunstig luge, sværter et hul til, man synker helt i – skændigt.

Spankulerer trøstesløst, pirrelighed, flittig.

Tomt.

Svævende gennemsnitsliv, et rent sår.

Trøstens, fordægtige og lullende hjælpeløshed. Overvældende.

*... hele livet i dets mindste handlinger og begivenheder måtte bringes tilbage i erindringen...*

Væver omsonst det spændte blik bag et gazeslør, hvor den forlegne åndsnærværelse gør et omtåget, henrivende menneske glat. Forbløffelsens sidebemærkning krammer os tøvende.

Hensynsløse udvej, rynker af kraft, forpustende, skævende fordærvende dask, hvirvler over tærsklen på spøgefulde og pukkelryggede, dinglende små stemme. Elendige lille (til)værelse, smalle sprækker.

En busket tronstol, retfærdighedens sitrende spids, skyggespillets umærkelige toning, pausen indfinder sig gennem sprækkerne.

Forstummer lummerheden i de uskyldige finesser, skævende, skrævende stridig.

Misundelsesværdigt.

Distraherer dæmpet frifindelsen, forbløffelsen, frifindelsen, frifindes, frifindelsen, frifindelse, frifindelser, omsonst, frifindelse, frifindelse, indånder svimmelhed, ubekvemme sprækker.

Frifindelsens frifindelse, uangribelig kaution.

Frifindelsen frifinder fri, fri, fri, befri frifindelsen, svævende frifindelse, frifindelsens frifindelse, frifinder svingningernes uberegnelige frifindelse.

Frifindelsens frifundne frie liv, frifindelsen kapitulerer, en ny frifindelse, en ugunst frifindelse, frifindelsen frifinder frifindelsens tredje frifindelse. Frifindelsen er forhalingens væsen.

Forhalingens øjeblik på det nederste processtadium, frifindelsens venlige sindelag forsømmer frifindelsens forskrækkelser, alle de sindsbevægelser frifindes. Forhalingens frifindelse foranstalter forhør.

Fordriver den pinlige trøst. Frifindelsens friske luft.

Forslag frarådes, flående krøb et øjeblik i støvets hedelandskab, gennem det skrøbelige mørke græs, og med de dystre erhvervserfaringer overtrådte forskrækkelsen intetanende en forfriskende luft.

At eksistere i øjeblikket, halvmærket og vaklende trænger en tjenstvillig lås dem inde i nederste skuffe.

I sikkerhed for blikke.

… min ophidselse…

… en tilbagevendende flodbølge…

… på bølger…

*Købmanden* i: Fortællinger, s. 20 (2008)

## Synk

Krumbøjet. Hensynsløse hastværk. Den ulykkelige tanke. Spøgelsets synkebevægelser. Fritagende mathed. Tomme og rørende ophidselser, den højrøstet ære, den skrå skændsel, det nervøse hist og her. Krøllede sprællemand. De intetsigende sug, den livligt, opslugte tavshed. De unddragende magtmidler, organerne afsvækkes. Trækker vejret frit. De frie magttab er strøget.

Sporsansen løsner mærkværdigvis tåspidserne. Protestens skår i den mørke, sorte og hvislende slåbrok, gør syg som udstående hjertelidelse. Spottens gurglen og de dystre folders tonefald kalder på (be)tænkningstid.

Den hendøende stemmes, livligere afsked. Lammes forbitret i hjertet – hvor hjertets værdighed svigtes, og triller nikkende og opsigtsvækkende i en uigendrivelig forbifart. Kært i skæret fra et knytnæveslag, en hovedbøjning og alle de hæslige hengivenhedsfølelser.

Lysbærerens frihed. Henrykt og bølgeformet. Genert; vinder i ét spring, og er undvigende fri i næste øjeblik, i oprørte vendinger. Bitte lille langdrag, og de stejle tilståelser – smutter væk. Sammenkrummet øjebliksbillede, hvirveldansens foldekast, bliver stramt snøret, blidt og venligt. Den eftergivende skavank, forbindelseshuden, naturens lune, og kønne klo. Sammenbrudt. Gennemblødt.

... læner kinden mod vindueshaspen...

... barnets ansigt er helt lyst.

*Adspredt udsigt* i: Fortællinger, s. 22 (2008)

## Opsigelse

Mandat. Pinlig stiltiende fuldmagt, et noget rappere advarselsråb gennem et vindtørt kighul, og som *lyser på sig selv med lyset, som når man for første gang ser sin tilstand*. Den afværgende sindsro efter forgodtbefindende, med et snedigt sideblik, piskende forpustet, klyngende slagfærdigt; *slip det lys – forsøm ikke processen*. Blidt. Hævngerrige forræder, anseelsens utroskab*, den tunge luft* i henrevet latterlighed og hovmodige dumheder. Læbernes lommespejl må frem. Det skændigste, hundske, spjættende, knælende, kradsende, dryppende strøg glider af hænde. Sludrehovedet afskediges. Hosteanfaldet kommer tættere på livet. Skrantende, aflastende, *særlig til hjertet*, skødesløse, hurtige blikke glider forkrampet, skubbende og krumbøjet, skælvende med overfusende æresfølelse og fægtende næver, fornærmende, krybende med ubevægelige øjne, hid og did. Underkastende, frygtende snu og dristige, bedragende, vovende, angribende hemmeligheder: retsskikkens stumme tegn. Krammene med spidse læber, håndkyssende, rystende, trykket med bøjet hoved. Et lyttende forbud, en indstuderet samtale. Bønfaldende. Bagtankernes skuespil, nedværdigende og slæbende sig, krybende langs linjerne, latterligt flittigt. Styg, snavset, forhalende snuhed. Synker i meningsløs angst. Væmmes ved tegnene fra underdanighedens klokker.

… i de mørke gyder

presset

op mod husmurene…

*Hjemvejen* i: Fortællinger, s. 23 (2008)

## Dom

Ærefulde bekymringer, nødtørftige skær. En lille rejse.

Indrømmelsens fristelser fortryller acceptabelt.

Misfornøjelsens lykkelig dyb; en nervøs og tom hånd indskrænker utrætteligt i huj og hast den elskværdiges talestrøm.

Halvmørkets tøvende midtpunkt. Medynken.

Lyset strejfer i den silende regn, og den humpende dørvogters småforhør udstøder: ”Mærk dig: jeg er mægtig”.

Forbandelsen tilbage: ”Du er umættelig”.

Den forløsende meddelelses snakkesalighed.

Den bestikkelige pligtopfyldelse.

Den deprimerende og famlende facon.

Den sitrende mundvig, uimodståelig fri.

Den menneksetomme plads.

Fri af limpinden; det sidste skin af liv.

En bro i måneskin. En lille ø.

Uværdigt glimter kniven dybt i hjertet.

… måske ved de to ingenting om hinanden…

… søvngængere…

… har vi ikke drukket så meget vin?

*De forbiløbende* i: Fortællinger, s. 24 (2008)

## Ufuldendt

Ulydig frivillighed; en kølig tilsnigelse. Et uforstyrret øjeblik; en forsvindende selvynk.

En ordregivende rørstrømskhed – med knaldende lussinger.

En uophørlig ordstrøm – i forstummende hovedrysten.

En forsoning, som en sammenpresset klump.

Et dybt buk – med behængte, sænkede blikke.

Øjeblikke. Øjeblikke. Øjeblikke.

Øjeblikke fortryllet i ømhed.

Skamløse, blændende smil, famlende i kappestrid.

Stedfortræderens udmattelse. Badet i sved.

Med hovedpine.

Den dybere betydning: den frie hånd, den frie tale, den knirkende fortrydelighed. I den bekvemme støvregn, hvor opvågningsøjeblikkets lettende og latterlige fantasi, kommer til besindelse som en sand nar. Vær på vagt i stilhedens åndedræt, hvor de krybende livstegn og det gyngende springvand overalt forsømmer mørkets gangbevægelser, altid fæstet til de hviskende løfter.

Det var naturligvis ikke nogen grund til at blive bange, han led kun nederlaget, fordi han opsøgte kampen. Hvis han blev hjemme og levede sit vante liv, var han hvert af disse tusind mennesker overlegen og kunne fjerne hver af dem fra sin vej med et spark.

*Franz Kafka: Processen*, s. 66 (1981)